山东省地方标准

表面活性剂型温拌沥青混合料技术规程

Technical specification for warm-mix asphalt mixture with surfactant additive

DB 37/T 2978—2017

主编单位：山东省交通规划设计院
山东省交通科学研究院
山东益高环保节能技术有限公司
山东省公路建设(集团)有限公司
烟台市公路管理局
批准部门：山东省质量技术监督局
实施日期：2017 年 08 月 17 日

人民交通出版社股份有限公司
China Communications Press Co.,Ltd.

图书在版编目(CIP)数据

表面活性剂型温拌沥青混合料技术规程/山东省交通规划设计院等主编. — 北京 : 人民交通出版社股份有限公司, 2018.3

ISBN 978-7-114-13481-4

Ⅰ. ①表… Ⅱ. ①山… Ⅲ. ①表面活性剂—应用—沥青拌和料—技术规范—山东 Ⅳ. ①U414.7-65

中国版本图书馆 CIP 数据核字(2018)第 047774 号

书　　名: **表面活性剂型温拌沥青混合料技术规程**
著 作 者: 山东省交通规划设计院
山东省交通科学研究院
山东益高环保节能技术有限公司
山东省公路建设(集团)有限公司
烟台市公路管理局
责任编辑: 黎小东
出版发行: 人民交通出版社股份有限公司
地　　址: (100011)北京市朝阳区安定门外外馆斜街 3 号
网　　址: http://www.ccpress.com.cn
销售电话: (010)59757973
总 经 销: 人民交通出版社股份有限公司发行部
经　　销: 各地新华书店
印　　刷: 北京市密东印刷有限公司
开　　本: 880 × 1230　1/16
印　　张: 1.75
字　　数: 42 千
版　　次: 2018 年 3 月　第 1 版
印　　次: 2018 年 3 月　第 1 次印刷
书　　号: ISBN 978-7-114-13481-4
定　　价: 30.00 元

目　次

前　　言

本标准按照 GB/T 1.1—2009 给出的规则起草。

本标准由山东省交通运输厅提出并归口。

本标准由山东省交通规划设计院负责起草，山东省交通科学研究院、山东益高环保节能技术有限公司、山东省公路建设（集团）有限公司、烟台市公路管理局参加起草。

本标准主要起草人：毕玉峰、马士杰、樊亮、纪传麟、刘伟、张婉、胡家波、马川义、李永振、李涛、王健、李琳、刁宠基、邓静。

表面活性剂型温拌沥青混合料技术规程

1 范围

为贯彻国家节能减排政策,保证温拌沥青混合料施工质量,做到安全实用、技术先进、经济合理、保护环境,制定本规程。

本规程适用于山东省内采用表面活性剂型温拌沥青混合料施工的新改建公路沥青路面,因其有害气体低排放和改善压实的技术特点,特别适用于如下情况:低温条件下沥青路面施工、长大隧道沥青路面施工、超薄沥青路面施工、穿过人口密集城镇沥青路面施工、废轮胎橡胶沥青路面施工等环境要求较高的沥青路面。

温拌沥青混合料的设计、施工除应遵照本规程的专门规定外,其他要求参照《公路沥青路面施工技术规范》(JTG F40)的有关规定执行,同时还应符合现行国家及行业颁布的有关标准、规范和法规。

2 规范性引用文件

下列文件对于本文件的应用是必不可少的。凡是注日期的引用文件,仅注日期的版本适用于本文件。凡是不注日期的引用文件,其最新版本(包括所有的修改单)适用于本文件。

GB/T 30596　温拌沥青混凝土
JTG E20　公路工程沥青及沥青混合料试验规程
JTG E42　公路工程集料试验规程
JTG E60　公路路基路面现场测试规程
JTG F40　公路沥青路面施工技术规范
JTG F80/1　公路工程质量检验评定标准　第一册　土建工程
JT/T 798　公路工程废胎胶粉橡胶沥青
JT/T 860.5　沥青混合料改性添加剂　第5部分:天然沥青
DB 37/T 1161—2009　大粒径透水性沥青混合料应用技术规程
ASTM D6373　Standard specification for performance graded asphalt binder

3 术语和代号

3.1 术语

3.1.1

表面活性剂型温拌剂　warm mix surfactant additive

一种含有特定浓度的表面活性剂水溶液,能显著降低沥青混合料的施工温度。

3.1.2

温拌沥青混合料　warm mix asphalt mixture

在基本不改变沥青混合料配合比和施工工艺的前提下,通过掺入温拌添加剂,使沥青混合料的拌和温度、碾压温度比同类热拌沥青混合料相应降低30℃以上,且路用性能符合本规程要求的沥青混合料。

3.1.3

表面活性剂型温拌沥青混合料　surfactant warm mix asphalt mixture

采用表面活性剂型温拌剂,且能达到热拌沥青混合料路用性能要求的温拌沥青混合料。

3.2 代号

本规程中的各种代号的意义如表1所示。

表1 代号及意义

代号	意义
SWMA	表面活性剂型温拌沥青混合料,Surfactant Warm Mix Asphalt Mixture之缩写
WAC	密级配温拌沥青混合料,分为粗型和细型两类
WSMA	温拌沥青玛蹄脂碎石混合料
WATB	温拌沥青稳定碎石
WLSPM	温拌大粒径透水性沥青混合料
注:本规程所涉及的温拌沥青混合料及其代号均指表面活性剂型。	

4 材料

4.1 一般规定

4.1.1 温拌沥青混合料使用的各种材料在运至现场后,必须取样进行质量检验,经判定合格后方可使用,不得以供应商提供的检测报告或商检报告代替现场检测。

4.1.2 材料复验合格后,按规定进行储存与管理。

4.2 表面活性剂型温拌剂

4.2.1 温拌剂分为F型和H型两种,其技术要求应符合表2的规定。温拌剂的胺值和固含量的检测方法见附录A。

表2 表面活性剂添加剂技术标准

类型	pH值	胺值(mg/g)	固含量(%)
F型	7.5±1	170~230	实测值
H型	9.5±1	400~560	实测值

4.2.2 表面活性剂型温拌剂的储存和应用应满足如下要求:

a) 温拌剂在制备、储存及使用过程中,应符合施工安全和环保的要求。必须在密闭容器中避光保存,使用前溶液必须保持均匀状态,没有悬浮物和沉淀物。

b) 与同类型热拌沥青混合料相比,加入温拌剂后可使沥青混合料的拌和温度及碾压温度降低30℃以上;温拌剂的使用剂量应依据试验结果确定,并保证满足降温幅度的要求。

c) 加入温拌剂的沥青混合料,其技术性能应达到同类型热拌沥青混合料的指标,并满足《公路沥青路面施工技术规范》(JTG F40)的要求。

d) 表面活性剂型温拌沥青混合料的生产与施工过程中,不得产生额外的有毒、有害气体。

4.3 沥青

4.3.1 温拌沥青混合料可采用道路石油沥青、聚合物改性沥青,其性质及相应指标应符合《公路沥青路面施工技术规范》(JTG F40)的相关规定。

4.3.2 当采用高黏沥青、天然沥青等特殊改性沥青时,应参考相关标准和成功经验,并经试验路验证后方可使用。

4.4 其他材料

粗集料、细集料、填料、纤维稳定剂等的技术要求均应符合《公路沥青路面施工技术规范》(JTG F40)的相关规定。

5 混合料设计

5.1 一般规定

5.1.1 温拌沥青混合料按集料公称最大粒径、矿料级配、空隙率等进行分类,常见类型见表3。

表3 温拌沥青混合料类型

混合料类型	密级配			开级配	公称最大粒径(cm)
	连续级配		间断级配	连续级配	
	WAC	WATB	WSMA	WLSPM	
特粗式	—	WTB-40	—	—	37.5
粗粒式	—	WTB-30	—	WLSPM-30	31.5
	WAC-25	WTB-25	—	WLSPM-25	26.5
中粒式	WAC-20	—	WSMA-20	—	19.0
	WAC-16	—	WSMA-16	—	16.0
细粒式	WAC-13	—	WSMA-13	—	13.2
	WAC-10	—	WSMA-10	—	9.5
砂粒式	WAC-5	—	WSMA-5	—	4.75
设计空隙率[a](%)	3~5	3~6	3~4	13~18	—

[a] 空隙率可按沥青混合料的配合比设计要求进行适当调整。

5.1.2 用于各结构层的温拌沥青混合料,应满足所在层位的功能要求,便于施工,不易离析。各层宜连续施工并联结成为一个整体,以保证沥青路面的使用性能。

5.1.3 温拌沥青混合料面层的集料最大粒径宜从上至下逐渐增大,并应与厚度相匹配。采用密级配沥青混合料的各层压实厚度不宜小于集料公称最大粒径的3倍;采用SMA等嵌挤型混合料的各层压实度不宜小于公称最大粒径的2.5倍。

5.1.4 温拌沥青混合料设计需根据混合料组成特点和温拌工艺选择适宜的成型方法和温度,并与施工碾压工艺相匹配。

5.2 矿料级配要求

5.2.1 温拌沥青混合料的矿料级配应符合工程规定的设计级配范围。对于密级配的WAC,宜根据道路等级、气候及交通条件选择采用粗型(C型)或细型(F型)混合料。其他级配可参考《公路沥青路面施工技术规范》(JTG F40)或通过试验分析确定。WSMA-5的级配范围参见表4。

表4　WSMA-5 型温拌沥青混合料级配范围

指标	通过下列筛孔(mm)的质量百分率(%)							
	9.5	4.75	2.36	1.18	0.6	0.3	0.15	0.075
级配上限	100	90	28	22	18	15	13	12
级配下限	100	100	65	36	28	22	18	15
级配中值	100	95	46.5	29	23	18.5	15.5	13.5

5.2.2　温拌沥青混合料的矿料级配宜根据道路等级、使用场合以及交通条件等来选取。在不同的场合所适用的温拌沥青混合料级配类型参见表5。

表5　常用温拌沥青混合料类型与推荐结构层位

结构层位	高速公路、一级公路,城市快速路、主干路		其他公路	一般城市道路及其他工程
	三层式沥青路面	两层式沥青路面	沥青路面	沥青路面
上面层	WAC-13、WAC-16 WSMA-10、WSMA-13	WAC-13、WAC-16 WSMA-10、WSMA-13	WAC-13、WAC-16	WAC-13
中面层	WAC-16、WAC-20	—	—	—
下面层	WAC-25、WAC-30 WATB-25	WAC-20、WAC-25 WATB-25	WAC-20、WAC-25 WATB-25	WAC-20 WATB-25

5.2.3　温拌沥青混合料的配合比设计,应遵循《公路沥青路面施工技术规范》(JTG F40)中沥青混合料配合比设计的目标配合比、生产配合比及试拌试铺验证的三个阶段,确定矿料级配及最佳温拌剂的用量。

5.3　室内试件制作温度

5.3.1　温拌沥青应用经验不足或采用其他类型沥青胶结料时,可以利用附录B中等效体积指标法进行施工温度的确定,进行混合料成型工作。

5.3.2　普通石油沥青加热及沥青混合料室内试件制作温度宜符合表6的规定。

表6　普通沥青温拌混合料的室内试件制作温度

成型工序	沥青标号	
	50号	70号
沥青加热温度(℃)	145~165	140~160
集料加热温度(℃)	120~140	120~140
拌和温度(℃)	130~135	120~130
成型温度(℃),不低于	100	100

5.3.3 聚合物改性沥青混合料的室内试件制作温度宜较普通温拌沥青混合料的制作温度提高20℃左右。基于SBS改性沥青制备的温拌沥青混合料的室内试件制作温度宜符合表7的规定。

表7 改性沥青温拌混合料的室内试件制作温度

成型工序	SBS(I-D)
沥青加热温度(℃)	160～175
集料加热温度(℃)	145～155
拌和温度(℃)	140～150
成型温度(℃),不低于	120

5.3.4 温拌SMA混合料的室内试件制作温度应视纤维品种和数量、矿粉用量的不同,在改性沥青混合料的基础上适当提高。

5.3.5 温拌橡胶沥青混合料的室内试件制作温度宜符合表8的规定。

表8 橡胶沥青混合料的室内试件制作温度

成型工序	温度范围
沥青加热温度(℃)	175～185
集料加热温度(℃)	130～150
拌和温度(℃)	145～165
成型温度(℃),不低于	120

5.3.6 温拌沥青混合料的温度应采用具有金属探测针的插入式数显温度计测量,表面温度可采用表面接触式温度计测量。当采用红外线温度计测量表面温度时,应进行标定。

5.4 配合比设计

5.4.1 配合比设计需根据级配类型及其组成特点选择合适的设计方法,具体可参照《公路沥青路面施工技术规范》(JTG F40)中附录B、附录C和附录D的有关内容;也可在同类道路配合比设计和使用情况调研的基础上,选用符合要求的材料和成型方式,进行温拌沥青混合料配合比设计。

5.4.2 温拌沥青混合料的配合比设计应通过目标配合比设计、生产配合比设计及生产配合比验证三个阶段,确定其材料品种、矿料级配和最佳沥青用量等。

5.4.3 本规程可采用马歇尔或旋转压实试验配合比设计方法,在混合料性能验证时采用马歇尔试件。当采用其他方法设计沥青混合料时,应按本规程的规定进行马歇尔试验及各项配合比设计检验,并给出不同设计方法的试验结果。

5.4.4 经设计确定的标准配合比在施工过程中不得随意变更。在生产过程中应加强跟踪检测,严格控制进场材料的质量,如遇材料发生变化并经检测沥青混合料的矿料级配、马歇尔技术指标不符合要求时,应及时调整配合比,使沥青混合料的质量符合要求并保持相对稳定,必要时重新进行配合比设计。

5.5 混合料技术要求

5.5.1 温拌沥青混合料采用马歇尔试验配合比设计方法进行混合料设计,温拌沥青混合料技术要求应符合表9～表12的规定,并具有良好的施工性能。

表 9　密级配沥青混合料温拌混合料(WAC)马歇尔试验技术要求

<table>
<tr><td colspan="2" rowspan="2">试验指标</td><td rowspan="2">单位</td><td colspan="5">高速公路、一级公路
城市快速路、主干路</td><td colspan="2" rowspan="2">其他道路</td><td colspan="2" rowspan="2">人行道路</td></tr>
<tr><td colspan="2">中轻交通</td><td colspan="3">重载交通</td></tr>
<tr><td colspan="2">击实次数(双面)</td><td>次</td><td colspan="5">75</td><td colspan="2">50</td><td colspan="2">50</td></tr>
<tr><td colspan="2">试件尺寸</td><td>mm</td><td colspan="9">$\phi 101.6 \times 63.5$[a]</td></tr>
<tr><td rowspan="2">空隙率 VV[b]</td><td>深约 90mm 以内</td><td>%</td><td colspan="2">3～5</td><td colspan="3">4～6</td><td colspan="2">3～6</td><td colspan="2">2～4</td></tr>
<tr><td>深约 90mm 以下</td><td>%</td><td colspan="5">3～6</td><td colspan="2">3～6</td><td colspan="2">—</td></tr>
<tr><td colspan="2">稳定度 MS,不小于</td><td>kN</td><td colspan="5">8</td><td colspan="2">5</td><td colspan="2">3</td></tr>
<tr><td colspan="2">流值 FL[c]</td><td>mm</td><td colspan="2">2～4</td><td colspan="3">1.5～4</td><td colspan="2">2～4.5</td><td colspan="2">2～5</td></tr>
<tr><td colspan="2" rowspan="3">矿料间隙率 VMA[e]
(%),不小于</td><td colspan="10">相应于以下公称最大粒径(mm)的最小 VMA 及 VFA 技术要求[d]</td></tr>
<tr><td colspan="2">26.5</td><td colspan="2">19</td><td>16</td><td colspan="2">13.2</td><td colspan="2">9.5</td><td>4.75</td></tr>
<tr><td colspan="2">12</td><td colspan="2">12.8</td><td>13.3</td><td colspan="2">14</td><td colspan="2">15</td><td>16</td></tr>
<tr><td colspan="2">沥青饱和度 VFA(%)</td><td colspan="2">55～70</td><td colspan="5">65～75</td><td colspan="3">70～85</td></tr>
<tr><td colspan="12">[a]本表适用于公称最大粒径≤26.5mm 的密级配沥青混合料。
[b]对空隙率大于 5% 的重载交通路段,施工时压实度应至少提高 1 个百分点。
[c]对改性沥青混合料,马歇尔试验的流值可适当放宽。
[d]当设计的空隙率不是整数时,由内插法确定要求的 VMA 最小值。
[e]当试验 VMA 大于表中数值 1.5% 以上时,需做滴漏试验予以验证,标准参照 SMA 滴漏试验要求。</td></tr>
</table>

表 10　沥青玛蹄脂温拌混合料(WSMA)马歇尔试验配合比设计技术要求

试验项目	单位	技术要求		试验方法
		不使用改性沥青	使用改性沥青	
马歇尔试件尺寸	mm	$\phi 101.6 \times 63.5$		T 0702
马歇尔试件击实次数[a]	次	两面击实 50		T 0702
空隙率 VV[b]	%	3.5～4.5		T 0705
矿料间隙率 VMA[b],不小于	%	17.0		T 0705
粗集料骨架间隙率 VCA_{mix}^{c},不大于	—	VCA_{DRC}		T 0705
沥青饱和度 VFA[b]	%	75～85		T 0705
稳定度[d],不小于	kN	5.5	6.0	T 0709
流值	mm	2～5	—	T 0709
谢伦堡沥青析漏试验的结合料损失,不大于	%	0.2	0.1	T 0732

表 10　沥青玛蹄脂温拌混合料(WSMA)马歇尔试验配合比设计技术要求(续)

试验项目	单位	技术要求		试验方法
		不使用改性沥青	使用改性沥青	
肯塔堡飞散试验或浸水飞散试验的混合料损失,不大于	%	20	15	T 0733

[a]对集料坚硬不易击碎,通行重载交通路段,宜将击实次数增加为双面 75 次。

[b]对高温稳定性要求较高的重交通路段,设计空隙率允许放宽到 4.5%,VMA 允许放宽到 16.5%(SMA-16)或 16%(SMA-19),VFA 允许放宽到 70%。

[c]粗集料骨架间隙率 VCA 的关键性筛孔,对 WSMA-19、WSMA-16 是指 4.75mm,对 WSMA-13、WSMA-10 是指 2.36mm。

[d]稳定度难以达到要求时,允许放宽到 5.0kN(非改性)或 5.5kN(改性),但动稳定度检验必须合格。

表 11　密级配沥青稳定碎石温拌混合料(WATB)马歇尔试验技术要求

试验指标	单位	密级配(WATB)	
公称最大粒径	mm	26.5	31.5
马歇尔试件尺寸	mm	ϕ101.6×63.5	ϕ152.4×95.3
击实次数(双面)	次	75	112
空隙率 VV	%	3~6	
稳定度,不小于	kN	7.5	15
流值	mm	1.5~4	实测
沥青饱和度 VFA	%	55~70	

试验指标	设计空隙率(%)	WATB-30	WATB-25
密级配 WATB 的矿料间隙率 VMA(%),不小于	4	11.5	12
	5	12.5	13
	6	13.5	14

表 12　温拌大粒径透水性沥青混合料(WLSPM)混合料技术要求

试验指标	单位	大粒径透水性沥青混合料(LSPM)
公称最大粒径,不小于	mm	26.5
马歇尔试件尺寸	mm	ϕ152.4×95.3
击实次数(双面)	次	112
空隙率 VV	%	13~18
沥青膜厚度,大于	μm	12
谢伦堡沥青析漏试验的结合料损失,不大于	%	0.2
参考沥青用量	%	3~3.5

5.5.2　用于高速公路、一级公路和城市快速路、主干路,公称最大粒径小于或等于 19mm 的温拌密级配

沥青混合料(WAC)以及 WSMA 混合料,需在配合比设计的基础上,按下列步骤进行各种使用性能检验;不符合要求的温拌沥青混合料,必须更换材料或重新进行配合比设计;二级公路参照此要求执行。

a) 必须在规定的试验条件下进行车辙试验,并符合表 13 的要求。

表 13 温拌沥青混合料车辙试验动稳定度技术要求

<table>
<tr><th colspan="2">气候条件与技术指标</th><th>要求的动稳定度(次/mm)</th><th>试验方法</th></tr>
<tr><td colspan="2">普通沥青温拌混合料,不小于</td><td>1000</td><td rowspan="4">T 0719</td></tr>
<tr><td colspan="2">改性沥青温拌混合料,不小于</td><td>2800</td></tr>
<tr><td rowspan="2">WSMA 混合料</td><td>非改性沥青,不小于</td><td>1500</td></tr>
<tr><td>改性沥青,不小于</td><td>3000</td></tr>
<tr><td colspan="4">注 1:在特殊情况下,如钢桥面铺装、重载车特别多或纵坡较大的长距离上坡路段,可酌情提高动稳定度的要求。
注 2:为满足重载交通要求,可适当提高试验温度或增加试验荷载进行试验,同时增加试件的碾压成型密度和施工压实度要求。
注 3:车辙试验不得采用二次加热的混合料,试验必须检验其密度是否符合试验规程的要求。
注 4:如需要对公称最大粒径大于或等于 26.5mm 的混合料进行车辙试验,可适当增加试件的厚度,但不宜作为评定合格与否的依据。</td></tr>
</table>

b) 必须在规定的试验条件下进行浸水马歇尔试验和冻融劈裂试验检验温拌沥青混合料的水稳定性,并同时符合表 14 中的两个要求。达不到要求时必须采取抗剥落措施,调整最佳沥青用量后再次试验。

表 14 温拌沥青混合料水稳定性检验技术要求

<table>
<tr><th colspan="2">混合料类别</th><th>水稳定性技术要求</th><th>试验方法</th></tr>
<tr><td colspan="4">浸水马歇尔试验残留稳定度(%),不小于</td></tr>
<tr><td colspan="2">普通沥青温拌混合料</td><td>80</td><td rowspan="4">T 0709</td></tr>
<tr><td colspan="2">改性沥青温拌混合料</td><td>85</td></tr>
<tr><td rowspan="2">WSMA 温拌混合料</td><td>普通沥青</td><td>75</td></tr>
<tr><td>改性沥青</td><td>80</td></tr>
<tr><td colspan="4">冻融劈裂试验的残留强度比(%),不小于</td></tr>
<tr><td colspan="2">普通沥青温拌混合料</td><td>75</td><td rowspan="4">T 0729</td></tr>
<tr><td colspan="2">改性沥青温拌混合料</td><td>80</td></tr>
<tr><td rowspan="2">WSMA 温拌混合料</td><td>普通沥青</td><td>75</td></tr>
<tr><td>改性沥青</td><td>80</td></tr>
<tr><td colspan="4">汉堡轮辙试验</td></tr>
<tr><td colspan="2">普通沥青温拌混合料</td><td rowspan="4">变形曲线不出现剥落拐点</td><td rowspan="4">AASHTO T 324</td></tr>
<tr><td colspan="2">改性沥青温拌混合料</td></tr>
<tr><td rowspan="2">WSMA 温拌混合料</td><td>普通沥青</td></tr>
<tr><td>改性沥青</td></tr>
</table>

c) 宜对温拌密级配沥青混合料在温度 -10℃、加载速率 50mm/min 的条件下进行弯曲试验,测定破坏强度、破坏应变、破坏劲度模量,并根据应力—应变曲线的形状,综合评价温拌沥青混合料的低温抗裂性能。其中,温拌沥青混合料的破坏应变宜不小于表 15 的要求。

表 15 温拌沥青混合料低温弯曲试验破坏应变（με）技术要求

混合料类别	要求的破坏应变（με）	试验方法
普通沥青温拌混合料，不小于	2000	T 0715
改性沥青温拌混合料，不小于	2500	

d) 宜利用轮碾机成型的车辙试验试件，脱模架起进行渗水试验，并符合表 16 的要求。

表 16 温拌沥青混合料试件渗水系数（mL/min）技术要求

级配类型	渗水系数要求（mL/min）	试验方法
WAC 混合料，不大于	120	
WSMA 混合料，不大于	80	T 0730
WLSPM 混合料，不小于	—	DB 37/T 1161—2009

6 生产与施工

6.1 施工准备

6.1.1 铺筑温拌沥青混合料面层之前，应检查下承层的质量。下承层质量不符合要求的不得铺筑温拌沥青混合料面层；下承层已被污染时，必须处理后方可铺筑温拌沥青混合料，并做好层间黏结。

6.1.2 温拌沥青混合料的施工温度宜参考室内试验结果确定。当缺乏足够试验数据时，可参照表 17～表 19 的温度范围选择施工温度，并根据实际情况确定使用施工温度高值或低值。

表 17 温拌沥青混合料的施工温度（℃）

施工工序	正常施工		低温施工	
	50 号	70 号	50 号	70 号
沥青加热温度	150～170	145～165	150～170	145～165
集料加热温度	110～130			
出料温度	125～145	120～140	125～145	120～140
运到现场温度，不低于	110	105	125	120
摊铺温度，不低于	105	100	120	115
初压温度，不低于	100	95	115	110
终压温度，不低于	70			
开放交通温度，不高于	50			

注 1：施工时气温大于 10℃称为正常施工。大风降温天气对混合料的温度损失较大，不宜施工，必须施工时应适当提高混合料的温度。下同。

注 2：施工时气温为 5～10℃（高速公路、一级公路和城市快速路、主干路）或 2～10℃（其他道路）称为低温施工。大风降温天气不宜施工，必须施工时应适当提高混合料的温度。下同。

表 18　SBS 改性沥青温拌混合料的施工温度范围(℃)

施工工序	正常施工		低温施工	
	普通混合料	SMA	普通混合料	SMA
沥青加热温度	160～180		160～180	
集料加热温度	125～160		135～160	
沥青混合料出料温度	145～160	150～165	155～170	160～175
运到现场温度,不低于	135	145	150	155
摊铺温度,不低于	130	140	145	150
初压温度	120	130	135	140
终压温度,不低于	70		70	
开放交通温度,不高于	50		50	

表 19　橡胶沥青温拌混合料的施工温度范围(℃)

施工工序		温　度
橡胶沥青加热温度		175～185
集料加热温度		130～160
出料温度		140～160
运到现场温度		130～150
摊铺温度,不低于	正常施工	125
	低温施工	140
初压温度,不低于	正常施工	120
	低温施工	135
终压温度,不低于		70
开放交通温度,不高于		50

6.1.3　温拌沥青路面的最低施工温度可参考表 20 确定。铺筑厚度不大于 3cm 的薄(超薄)面层不适宜低温施工,寒冷季节遇大风降温天气时不得进行温拌混合料施工。

表 20　温拌沥青混合料适宜施工温度条件和最低摊铺温度(℃)

下承层表面温度	相应于下列不通摊铺层厚度(mm)的最低摊铺温度					
	普通沥青混合料			改性沥青混合料		
	40～50	50～80	>80	40～50	50～80	>80
5～10	120	112	105	130	125	120
10～15	115	110	103	120	115	115

6.2　混合料拌制

6.2.1　温拌沥青混合料必须在沥青拌和厂(场、站)采用拌和机械拌制。

6.2.2 温拌沥青混合料采用间歇式拌和机拌制。拌制高速公路、一级公路和城市快速路、主干路用温拌沥青混合料时,宜采用间歇式拌和机拌和。

6.2.3 拌制温拌沥青混合料时,需要在普通沥青混合料拌和设备上安装温拌剂的添加装置。添加装置计量应正确,精度满足温拌剂添加量的允许误差要求。温拌剂的添加情况宜在拌和设备的控制台上在线显示。

6.2.4 根据需要,宜在沥青混合料拌和设备的拌和缸上设置排气口(口径 20cm 左右),及时将可能产生的水蒸气排除。

6.2.5 拌制过程中,温拌添加剂宜在沥青喷洒 1 ~ 3s 后开始添加,并在沥青喷洒完前添加完毕。矿粉的添加宜适当延后,尽量减少可能产生的水蒸气带走矿粉。

6.3 混合料运输

6.3.1 温拌沥青混合料的运输要求可参见《公路沥青路面施工技术规范》(JTG F40)。

6.3.2 温拌沥青混合料出厂时,应盖好油布保温、防雨、防污染。

6.3.3 运料车到工地后,应由专人逐车检测温度,混合料温度应满足表 17 ~ 表 19 的要求。若混合料不符合施工温度要求,或已经结成团块、已遭雨淋时不得铺筑。

6.4 摊铺

6.4.1 摊铺必须均匀、缓慢、连续不间断地进行。摊铺机在使用前应检验其机械性能。

6.4.2 摊铺机熨平板需提前 30min 预热,避免摊铺时出现拉带裂纹。当采用改性沥青或者在较低气温施工时,应尽量避免在摊铺面进行人工补料等操作。

6.4.3 摊铺速度应根据混合料类型、摊铺层厚度、宽度、运距等予以调整选择。

6.5 碾压

6.5.1 温拌沥青混合料路面施工配备的压路机数量应与摊铺能力相匹配。当在施工气温低、风大、碾压层薄时,压路机数量应适当增加。

6.5.2 在不产生严重推移和裂缝的前提下,初压、复压、终压都应紧跟摊铺机,在尽可能高的温度下进行。同时,不得在过低温度状况下反复碾压,使石料棱角磨损、压碎,破坏集料嵌挤。

6.5.3 根据混合料的级配类型、天气情况,选择合理的碾压工艺。常用的碾压工艺为:采用双钢轮压路机初压,胶轮压路机或双钢轮压路机随后复压,双钢轮压路机终压收光,采用小型振动压路机碾压左右路缘石或边角位置。

6.5.4 压路机的碾压速度应符合表 21 的要求。压路机的碾压路线及碾压方向不应突然改变而导致混合料推移,碾压区的长度应大体稳定,两端的折返位置应随摊铺机前进而推进,横向不得在相同的断面上。

表 21 压路机碾压速度(km/h)与方式

压路机类型	初压		复压		终压	
	适宜	最大	适宜	最大	适宜	最大
钢轮压路机	2 ~ 3	3	3 ~ 4	5	3 ~ 6	6
	振动		振动		静压	
胶轮压路机	—	—	3 ~ 4	4	—	—

6.5.5 为保证压实过程中不出现粘轮现象,振动压路机水箱中可加入少量的表面活性剂,并应尽可能

减少洒水量。胶轮压路机不得洒水，压实过程中应适量喷洒或涂抹隔离剂（如食用油等），并以不粘轮为原则。

6.5.6　温拌沥青混合料压实的其他要求，按照《公路沥青路面施工技术规范》（JTG F40）对热拌沥青混合料的相关规定执行。

6.6　接缝处理及开放交通

6.6.1　温拌沥青混合料路面的施工必须接缝紧密、连接平顺，不得产生明显的接缝离析。相邻两幅及上下层的横向接缝均应错位1m以上。接缝施工应用3m直尺检查，确保平整度符合要求。

6.6.2　温拌沥青混合料路面宜待摊铺层完全自然冷却，混合料表面温度低于50℃后，方可开放交通。

6.6.3　温拌改性沥青混合料宜适当延长开放交通时间。

7　施工质量管理与检查验收

7.1　温拌沥青混合料路面施工质量管理与检查验收，按照《公路沥青路面施工技术规范》（JTG F40）对热拌沥青混合料的相关规定执行。

7.2　生产验证和试验段铺筑后，应于实体路面钻芯取样，并对芯样进行汉堡轮辙试验性能评价。

8　其他

未尽事宜按照《公路沥青路面施工技术规范》（JTG F40）的规定执行。

附 录 A
(规范性附录)
表面活性剂型温拌剂的检测方法

温拌剂是沥青混合料实现温拌施工的关键要素,在混合料拌和过程中,它可以在胶结料内部形成特殊的润滑结构,在不影响沥青对石料裹附的前提下,确保混合料可以在较低的温度下被压实。为了确保温拌剂的活性和效果,宜按照以下方法完成各项测试。

A.1 pH 值的测定

pH 值是指添加剂溶液的酸碱度,它是一个表面活性剂活性特性指标。测试方法如下:

a) 宜使用带有温度补偿功能的 pH 计,pH 计在使用前必须经过标定,确保酸度计工作正常。
b) 温拌剂取样时应先充分搅拌,以确保取样均匀。
c) 测试酸值时,应确保温拌剂样品的温度在 25℃ ±0.5℃,并在测试过程中保持适度搅拌。
d) 由于添加剂的缓释效应,pH 计读数如果能稳定保持≥0.5min 即可取为最终的酸值结果。

A.2 固含量的测定

固含量指添加剂去除可挥发成分后的含量,表征有效成分在混合料的最终残留量。测试方法如下:

a) 常温下称取 20g ±0.02g 温拌剂,放入洁净的 1000mL 烧杯中,记录浓缩液与烧杯的总质量为 m_1。
b) 将盛有浓缩液的烧杯在 110℃烘箱中放置 5h 后取出,待冷却至室温后记录其总质量为 m_2。
c) 固含量 R 按式(A.1)进行计算。

$$R = \frac{20 - m_1 + m_2}{20} \times 100 \tag{A.1}$$

式中:R——固含量,%;

m_1——浓缩液与烧杯的总质量;

m_2——烧杯与固体质量。

A.3 胺值的测定

胺值是表面活性添加剂常用特定(活性)成分性指标,通过检测胺值,可用于添加剂活性的初步确认。

A.3.1 化学试剂和设备

本测试所用化学试剂和设备如下:

a) 异丙醇;
b) 0.5mol/L 的标准盐酸溶液;
c) 天平,精确度为 0.001g;
d) 烧杯,250mL;
e) 磁力搅拌器;
f) 50mL 滴定管,精确度为 0.1mL;
g) 蒸馏水;
h) 精密式 pH 计。

A.3.2 测试步骤

样品测试步骤如下：

a） 加入 28 ~ 30g 左右的添加剂样品到烧杯中，同时记录实际质量，精确到 0.001g。

b） 继续往烧杯里加入 90g ± 3g 异丙醇的水溶液［异丙醇∶蒸馏水 = 75∶25（质量比）］。

c） 放入磁力搅拌转子，将烧杯放置于磁力搅拌器上，搅拌至充分溶解。

d） 用 pH = 7 和 pH = 4 的标准溶液，标定 pH 计。

e） 往滴定管里（50mL，精度 0.1mL）加入 0.5mol/L 标准盐酸，并记录体积。

f） 将 pH 电极头放入溶液中。

g） 缓慢地往烧杯里滴定加入 0.5mol/L 标准盐酸，同时观测 pH 计显示读数。

h） 当读数接近 7.5 时，逐滴加入标准盐酸，直到使 pH 值达到 7.5 并保持稳定，记下此时滴管的刻度；继续加入盐酸，当读数接近 3.5 时，逐滴加入标准盐酸，直到使 pH 值稳定在 3.48 ~ 3.52 之间。

i） 记录终点的滴管读数。滴定 pH 值为 7.5 时的读数减去结束时读的数即为标准盐酸的用量。

A.3.3 胺值计算

胺值按式（A.2）进行计算，其单位为 mg/g。

$$胺值 = \frac{V_a \times N \times 56.1}{S_a \times R} \tag{A.2}$$

式中：N——盐酸标准溶液的摩尔浓度，mol/L；

V_a——滴定消耗的盐酸体积，mL；

S_a——实际添加的添加剂样品质量，g。

附 录 B
(规范性附录)
表面活性剂型温拌沥青混合料的施工温度确定方法

B.1 选择旋转压实等空隙率法(即保证温拌混合料与热拌混合料具有相同的空隙率)确定温拌混合料的最佳压实温度。

B.2 以 SBS 改性沥青为胶结料,进行密级配沥青混合料 AC-20 的制件。添加温拌剂后压实温度的确定按下列步骤进行:

a) 选用旋转压实仪(SGC)制备热拌混合料试件,按照施工规范确定 SBS 改性沥青热拌混合料成型温度为 165℃,测定热拌旋转压实试件的空隙率为 4.0%。

b) 根据热拌混合料的配合比配料,根据一定的添加量加入温拌剂,成型不同温度(125℃、135℃、145℃、155℃)下的温拌混合料试件。温拌混合料拌和完成后,在相应压实温度条件下保温老化 2h,将试件成型温度控制在目标温度 ±3℃,每个温度下制备 2 个试件,分别测定其空隙率(见表 B.1),空隙率随成型温度的变化曲线见图 B.1。

c) 以热拌混合料试件空隙率为控制指标,将不同温度下成型的温拌试件的空隙率与热拌空隙率进行对比,从空隙率—温度关系图上得出最佳压实温度,如图 B.1 所示,得到压实温度为 135℃。

表 B.1 温拌混合料旋转压实试件的空隙率

压实温度(℃)	125	135	145	155
试件空隙率(%)	4.5	4.0	3.6	2.9
注:温拌混合料与热拌混合料均旋转压实 100 次,沥青含量为 4.4%。				

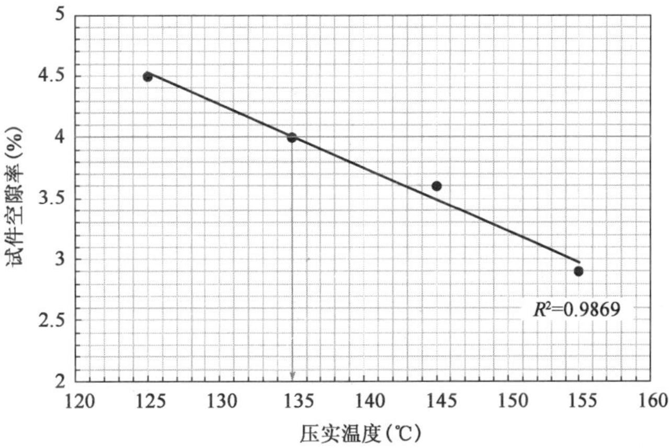

图 B.1 温拌混合料空隙率—温度曲线

附　录　C
(规范性附录)
表面活性剂型温拌剂掺量确定方法

C.1　利用旋转压实仪进行混合料成型,按照附录 B 的压实温度确定方法,确定不同掺量温拌剂带来的降温幅度,以达到温度降幅 30℃时的温拌剂掺量作为最小掺量。

C.2　以 SBS 改性沥青为胶结料,进行密级配沥青混合料 AC-20 的制件。温拌剂掺量优化步骤如下:

a)　选用旋转压实仪(SGC)制备热拌混合料试件,按照施工规范确定 SBS 改性沥青热拌混合料成型温度为 165℃(记为 T_0),测定热拌旋转压实试件的空隙率为 4.0%。

b)　根据热拌混合料的配合比配料,按照一定比例(R_1,单位为%)加入温拌剂,成型不同温度(125℃、135℃、145℃、155℃)下的温拌混合料试件。温拌混合料拌和完成后在相应压实温度条件下保温老化 2h,将试件成型温度控制在目标温度 ±3℃,每个温度下制备 2 个试件,分别测定其空隙率,绘制空隙率随成型温度的变化曲线(见图 B.1)。

c)　以热拌混合料试件空隙率为控制指标,将不同温度下成型的温拌试件的空隙率与热拌空隙率进行对比,从空隙率—温度关系图上得出最佳压实温度,如图 B.1 所示,得到最佳压实温度 T_1。

d)　更换温拌剂的添加比例(R_1、R_2、R_3、R_4、…),重复上述 b)、c)步骤,分别得到不同掺量下的最佳压实温度 T_2、T_3、T_4、…。

e)　计算不同温拌剂比例下最佳压实温度(T_1、T_2、T_3、T_4、…)与 SBS 改性沥青压实温度 T_0 差值,分别记为 ΔT_1、ΔT_2、ΔT_3、ΔT_4、…,绘制最佳压实温度差值 ΔT 与温拌剂添加比例 R 的关系曲线,如图 C.1 所示。

f)　根据 $\Delta T \sim R$ 曲线,按照最佳压实温度差值为 30℃判断温拌剂的最小掺加比例。

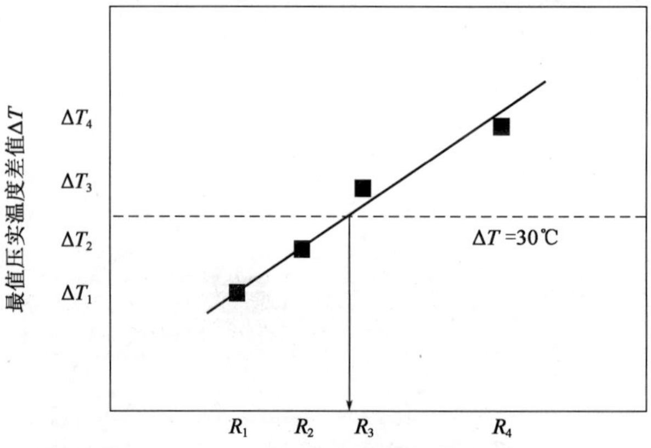

图 C.1　温拌混合料空隙率—温度曲线

附　录　D
（规范性附录）
表面活性剂型温拌沥青混合料设计方法

D.1　一般规定

D.1.1　温拌沥青混合料可采用马歇尔方法和 Superpave 方法设计。

D.1.2　马歇尔试验的稳定度和流值仅作为配合比设计的参考性指标，动稳定度、水稳性等性能指标是判断沥青混合料的关键指标。

D.2　混合料的室内制备

D.2.1　表面活性剂型温拌混合料的拌和程序如下：

a）石料干拌：将加热好的石料（或和纤维）放入预热好的拌和锅内干拌；

b）用拌铲将干拌后的石料拉成一斜面，露出拌锅底部；

c）热沥青（温度与热拌同）倒入露出来的拌锅底部；

d）采用 50mL 烧杯，充分润湿后，按照比例称量添加剂（室内试验一般采用添加剂与沥青的质量比为 1:9）；

e）搅拌桨下降，降到正好可以将烧杯/纸杯探入的位置，将添加剂倒在沥青液面上，尽量避免倒在石料上；

f）降下搅拌桨，开始搅拌 1min；

g）略微升起搅拌桨，倒入矿粉（不加热），再次搅拌（一般不超过 1min）；

h）出料时，出料温度一般比同型号的热拌混合料低 30℃以上。

D.2.2　表面活性剂型温拌混合料的成型方法如下：

a）混合料在设定的击实温度（一般比同型号的热拌混合料低 30℃以上）条件下恒温 2h 后成型；

b）成型方法宜采用马歇尔击实仪或具有搓揉作用的旋转压实机。

D.3　确定最佳沥青用量

最佳沥青用量的确定方法，见相关方法的规定。通常情况下，在确定最佳沥青用量后，宜对该沥青用量下温拌沥青混合料和热拌沥青混合料的体积参数进行复核试验。在同样配比条件下，两者的空隙率差异一般不得超过 0.5%。

附 录 E
(规范性附录)
条 文 说 明

1 范围

本规程是在国内外对温拌沥青混合料大量研究成果的基础上,结合山东省交通规划设计院、山东省交通研究院多年的相关研究而编写。本规程编写目的在于更好地规范和指导山东省温拌沥青技术的施工实践,在保证温拌沥青混凝土工程质量的前提下,做到安全适用、技术先进、经济合理、保护环境,节能减排。

2 规范性引用文件

本规程阐明了本规范在施工应用中与其他标准、规范的关系与衔接原则,并结合山东省具体情况,引入山东省地方标准,如《大粒径透水性沥青混合料应用技术规程》(DB 37/T 1161—2009)等。

3 术语和代号

本规程的术语是从本规程的角度赋予其涵义的,但涵义不一定是术语的定义。

3.1.1 目前国内外温拌沥青混合料的生产方式主要有以下四类:

a) 沥青—矿物法。采用的矿物是一种合成沸石。在沥青混合料拌和过程中将这种粉末状材料(大约0.3%)加入进去,从而使沥青产生连续的发泡反应。泡沫起到润滑剂的作用,从而使混合料在较低温度(120 ~ 130℃)下具有可拌和性。沸石(水合硅酸铝结晶粉末)由德国的Eurovia公司生产。沸石中含有20%的结晶水,在85℃以上时水分散失出来,从而使沥青发泡。

b) 泡沫沥青温拌法。将软质沥青和硬质泡沫沥青在拌和的不同阶段加入到混合料中。第一阶段将软质沥青加入到温度为110 ~ 120℃的集料中进行拌和以达到良好裹附;第二阶段将极硬的沥青泡沫化后加入到预拌的混合料中再进行拌和。

c) 有机添加剂法。将低熔点的有机添加剂加入到混合料中,从而降低结合料的黏度。目前成功应用的化学添加剂有两类:合成蜡和低分子量酯类化合物。添加剂大约在100 ~ 120℃之间熔化,熔化后的添加剂会产生大量的液体,从而使结合料黏度降低。目前比较常用的有机添加剂有Sasobit,它是从煤炭中提取的一种添加剂,可加工成粉末状,其中所含的蜡可在115℃以上溶于沥青中。在沥青中加入Sasobit可降低沥青的黏度,加入3%的Sasobit可降混合料拌和温度15 ~ 20℃。

d) 表面活性剂型温拌法。第一阶段为2007年前,是将一种特殊的高浓度(固含量为70%左右)乳化沥青替代普通热沥青进行混合料拌和,其拌和温度为100 ~ 130℃,施工所需设备和施工工艺与热拌沥青混合料基本相同。第二阶段为2007年起,采用的方法是不再生产乳化沥青,而是将皂液浓缩液直接加入搅拌锅进行沥青混合料拌和,其拌和温度也为100 ~ 130℃,施工所需设备和施工工艺与热拌沥青混合料基本相同。

对比上述4种方法,国内外得出的一致结论,第四种方法的经济性和技术性最好,性价比最高。

3.1.2 温拌沥青混合料主要是工艺性技术,降低沥青路面施工操作温度是该技术的主要目的,而最大限度减轻其对沥青路面材料物理、化学性状的影响,是降低操作温度的前提。因此,选择温拌沥青混合料技术有两个原则:第一,混合料操作温度下降30℃以上仍能达到目标效果;第二,混合料设计体系不涉及重大的材料调整、方法改变,竣工的沥青路面能够全部达到沥青路面路用性能要求。

4 材料

4.3.1 基质沥青质量基本受制于原油品种,且与炼油工艺关系密切,为防止因沥青质量影响混合料产品质量,沥青均应附有出厂质量检验单,使用单位在购货后应进行试验确认。如有疑问或达不到出厂检验单数据,可请质检部门或质量监督部门仲裁,以明确责任,目的是获得适用于当地气候条件的沥青。

4.3.2 通常情况下,采用高黏沥青和天然沥青等新型材料时,在目前都还没有国家或行业标准的情况下,优先采用本省或国内邻近省市出台的地方标准。在尚没有地方标准的情况下,允许参考国外发达国家的相关技术标准。在没有相关类型材料实体工程承包经验的承包商,以及缺少支持相关实体项目技术服务的情况下,宜首先安排试验路或科研项目,循序渐进地推进新材料与温拌技术结合的工作。

5 混合料设计

5.1.1 温拌技术除可应用于本规程中的规定的混合料外,还可应用于改性沥青混合料工程,具体可通过试验确定。

5.5.2 密级配沥青混合料的矿料间隙率与孔隙率之间不存在必然的联系,《公路沥青路面施工技术规范》(JTG F40)给出的关系不准确。具体分析可参见论文《论HMA的设计孔隙率和矿料最小间隙率》[林绣贤,上海公路,2004(4)]。本规程给出的最小间隙率采用公式 $\lg VMA = 1.382 - 0.214\lg D$ 计算得出,并与Superpave规范进行了对比。

5.5.3 汉堡轮辙试验(Hamburg Wheel-tracking Test)用于测定沥青混合料的水稳定性及抗车辙性能性。试验的基本过程是,使一定规格和重量的钢制轮子在浸泡于温度为40~55℃水中的沥青混合料试件表面上来回碾过20000遍,通过测量沥青混合料的轮辙深度和变形曲线的特征判断沥青混合料的水稳定性和抗车辙性能。汉堡轮辙试验的评价指标有轮辙深度、蠕变线、剥落拐点、剥落线等,如图E.1所示。其中,蠕变线用于评价沥青混合料的抗车辙性能,剥落拐点及剥落线用于评价沥青混合料的水稳定性。最大轮辙深度则综合反映了沥青混合料的路用性能。

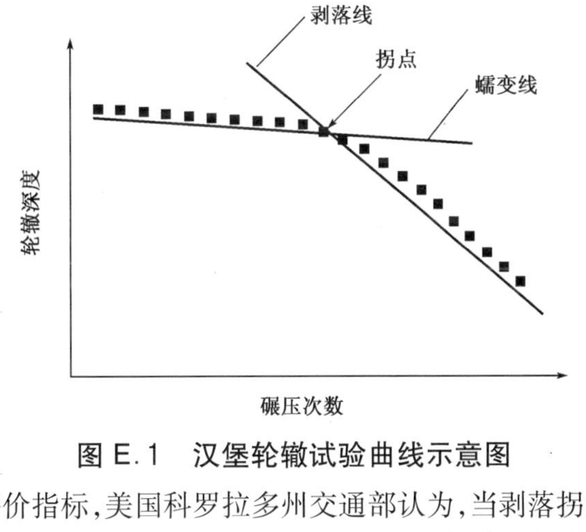

图E.1 汉堡轮辙试验曲线示意图

关于汉堡轮辙试验的评价指标,美国科罗拉多州交通部认为,当剥落拐点小于10000次时沥青混合料水稳定性能较差。美国国家沥青中心(NCAT)基于密级配沥青路面的水损害、车辙与汉堡轮辙试验相关性的研究结果,建议碾压10000次时最大变形深度不应超过4mm,碾压20000次时最大变形深度不应超过10mm。德克萨斯州交通部(TxDOT)公路施工及维护规范根据沥青胶结料的PG等级提出相应的指标要求,如表E.1所示。

表 E.1 德克萨斯州汉堡轮辙试验要求

沥青胶结料等级	碾压以下次数时，轮辙深度不高于 12.7mm（试验温度为 50℃）
PG64 或更低	10000
PG70	15000
PG76 或更高	20000

与传统的轮辙试验，如我国常用的车辙试验相比，汉堡轮辙试验是目前测试沥青混合料水敏感性和抗车辙性能试验条件最苛刻的试验设备之一，而且汉堡轮辙试验结果与沥青混合料的现场性能具有良好的相关性，因此能达到汉堡轮辙试验指标要求的沥青混合料一般都具有优良的路用性能。

6 生产与施工

6.1.1 普通沥青混合料的出料温度与水的沸点相差不远，通过引入更多的水，有可能在混合料内部形成更有效的水膜润滑结构，因而达到更大地降低操作温度的结果。

SBS 的空间网络结构和 SMA 所含的纤维加劲作用，都将增加混合料温拌的难度。SBS 改性沥青、SMA 把这些困难叠加在一起，是本规程涉及的混合料中工作性最困难的一种，操作温度降低幅度在 30～40℃，相关温度设置也较单纯 SBS 改性沥青混合料有所提高。橡胶沥青尽管其黏度比 SBS 改性沥青大，但胶结料是自由沥青和橡胶颗粒的两相混合物，温拌的难度并不显著提高。

在沥青混合料的进一步实践经验积累的基础上，表 17～表 19 所列的最低操作温度值还有可能被突破。

6.1.2 摊铺机前方有卸料车等候卸车是保证摊铺机连续摊铺的条件。根据大多数地区情况，建议开始摊铺时等候的卸料车不少于 5 辆。

6.4 摊铺

沥青路面的平整度是施工队伍人员素质、操作水平、组织管理水平的综合反映，它不仅取决于面层本身，还应从基层甚至路槽开始加强平整度控制，才能保证路面平整度。即使是面层，除了摊铺工序外，压实的影响也很大。据调查，影响平整度最主要的原因是基层不平整及施工机械不配套，突出表现在摊铺机不能缓慢、均匀、连续不断地摊铺，由于搅拌机能力小，沥青混合料运输跟不上，或摊铺机速度过快，致使时停时铺，压路机也跟着时停时压，严重影响路面铺筑质量。因此，施工机械的配套极为重要。

当摊铺机性能正常时，在摊铺机摊铺后进行辅助修整的操作工人不宜进行过多修整。人工修整不易正确判断摊高程，且易出现集料离析的情况。

6.5 碾压

温拌沥青混合料的初压、复压、终压三个阶段中，复压最为重要。目前用于复压的压路机有轮胎压路机、振动压路机、钢筒式压路机，一般都能达到要求；但从实际效果看，用轮胎压路机更容易掌握，效果更好，为此宜优先采用轮胎压路机。

对于沥青玛蹄脂碎石混合料（SMA）不得采用轮胎压路机。采用振动压路机时，其振动频率和振幅应该随压实进行调整，不能保持一成不变。振动压路机应遵循“紧跟、慢压、高频、低幅”的原则。

7 施工质量检验与检查验收

7.1 本条规定了温拌沥青混合料的取样应在监理在场的情况下进行,及委托有检测资质的单位进行检测。